חֲבֵרִים בְּעִבְרִית

חֵלֶק רִאשׁוֹן

הָאַלְבּוֹם שֶׁלִּי

Developed for the Union of American Hebrew Congregations
Hebrew Curriculum Project
ant from the Jim Joseph Foundation

FRIENDS IN HEBREW

My Photo Album

Developed for the Union of American Hebrew Congregations Hebrew Curriculum Project
Funded by a grant from the Jim Joseph Foundation

Curriculum Developer: Mira Owen
Writers: Ronit Ben-Ari, Nechama Baras
Graphics & illustrations: Joe Weis
Copy Editing: Mazal Cohen
Project Coordinator: Lesley Litman
Director URJ Department of
Jewish Education: Rabbi Jan Katzew

חברים בעברית

האלבום שלי

התכנית ללימוד השפה העברית פותחה ביוזמת המחלקה
לחינוך יהודי של ה-URJ.
התוכנית ממומנת ע"י קרן ג'ים ג'וזף.

ריכוז וכתיבה: מירה אואן
צוות כתיבה: רונית בן-ארי, נחמה ברס
עיצוב ואיור: יוסי וייס
עריכה לשונית: מזל כהן
ריכוז הפרוייקט: לסלי ליטמן
מנהל מחלקת החינוך היהודי: הרב יונה קאצו

Printed in the United States of America
8 9 0

מבוא

חברים בעברית היא תכנית כל הוראת השפה העברית כשפה נוספת, המיועדת לתלמידים בבית הספר היסודי.

הגישה העומדת בבסיס התכנית היא **הגישה התקשורתית**, שלה שלושה היבטים:

1. **ההיבט הפסיכולינגוויסטי:** הידע שנצבר על ידי רכישת שפה נוספת,
2. **ההיבט החינוכי:** ההתמקדות בעולם הילד,
3. **ההיבט החברתי-תרבותי:** התייחסות לרקע התרבותי של הילד היהודי.

לתכנית יש כמה מטרות:

1. להקנות ללומדים יכולת לתקשר בעברית במגוון מצבים (בדיבור ובכתיבה),
2. להקנות להם יכולת להבין טקסטים כתובים מז'אנרים שונים,
3. להפגיש אותם עם טקסטים יהודיים הן מעובדים והן מקוריים,
4. לחשוף אותם לרווי רחיים של ילדים דוברי עברית בישראל,
5. לעורר בלומדים מודעות לתכונות המיוחדות של השפה העברית ולקשר בין העברית בת ימינו ובין העברית של המקורות.

בתכנית זו מנרים אותנו כמה וכמה עקרונות:

1. **התמקדות בתפקיד התקשורתי של השפה.** כבר בשלבים הראשונים של הלימוד מושם דגש בשפה הטבעית בכל גווניה.
2. **שילוב ארבע המיומנויות - האזנה, דיבור, קריאה וכתיבה - בכל יחידת לימוד.** כל מיומנות תומכת באחרות. הפעילות בארבע מיומנויות אלה מתחשבת בשוני העשוי להתגלות ביכולת של הלומד בכל אחת מן המיומנויות.
3. **שמירה על דירוג הן בטקסטים והן בחומר הלשוני.** לעיתים מופיעות בטקסט צורות לשוניות שלא על פי הדירוג הקפדני. אין מנוס מכך אם רוצים לשמור על טבעיותו של הטקסט.
4. **הוראת הדקדוק בצורה פונקציונלית.** כלומר, התרגול מקנה את הצורות והתבניות בתוך הקשר טבעי ולא בדרך של שינון בלבד.
5. **תרגול מרכיבי הלשון והמדלים הסיפוריים בהקשרים שונים** כדי שלא לקבע את הלומד בהקשר אחד.
הקפדה על הרלוונטיות כל החומר ללומד על ידי בחירה בתכנים הקרובים לתחומי העניין של ילדים
6. ועל ידי הטלת משימות כתיבה ודיבור המתייחסות לעולמו של הילד.
התאמת חומר הלימוד והמטלות לרמת ההתפתחות הקוגנטיבית, החברתית והרגשית של הילדים.
7. **תכנון מטלות מובנות כדי לעזור ללומד להצליח בהן וליהנות.** מטלות הכתיבה, למשל, הן על-פי מודל
8. נתון. כך קטן הסיכוי שהלומד יטעה. הצלחתו והנאתו יעלו בלי ספק את המוטיבציה שלו.
שילוב תכנים יהודיים בתוך יחידות הלימוד בדרך של קשר אסוציאטיבי כדי לעורר בלומד תחושה
9. של עולם תרבותי ולשוני משותף.

האלבום שלי הוא החלק הראשון בתכנית **חברים בעברית** והוא מיועד לתלמידים מתחילים שיש להם ידיעות בסיסיות בעברית.

האלבום שלי כולל חמש חוברות לימוד. כל אחת מהן נסבה על נושא הקשור לחיי הילד ולעולם החוויות שלו.

החוברות הן:

1. **יום הולדת**
2. **החברים שלי**
3. **הטיול של הכיתה**
4. **אחרי הלימודים**
5. **חפצים וסיפורים**

אלבום התמונות הוא המסגרת הכללית. במסגרת זו שובצו קטעי קריאה המלווים את ה״תמונות״, תרגילי לשון, פעילויות של הבעה בעל־פה ובכתב, שירים עבריים ומשחקי לשון. בפעילות הסיכום הילדים מכינים אלבום אישי משלהם במקביל לנושאים שבחוברות הלימוד.

בכל חוברת יש מדריך למורה הכולל הסברים לשוניים (הקדמה למורה, עמ׳ 2), האוצר הלשוני (המילים שלי, עמ׳ 3) והצעות דידקטיות מפורטות בתחתית כל עמוד.
כל יחידה מחולקת ל״מנות״. **מנה** היא טקסט באלבום (או סיפור) וכל הפעילויות הנלוות אליו. אנו מציעות ארבעה שלבים בהוראה של כל **מנה**.
שלב ההכנה: הקניית כל הרכיבים הלשוניים בדקדוק, בתחביר ובאוצר המילים כדי שאלה יהיו מוכרים ללומד בעת קריאת הטקסט.
שלב הקריאה: קריאת הטקסט ע״י המורה והתלמידים בליווי מטלות בהבנת הנקרא בעל־פה ובכתב.
שלב היישום: הבעה בעל־פה ובכתב של התלמידים בעקבות הטקסט, כגון: הבעת דעה, המחזה (כהמשך הטקסט), כתיבה של הילדים על עצמם או שיחות ביניהם.
שלב ההעשרה: פעילות סביב יסוד לשוני, מילת יחס למשל, או תוכני, שיר ילדים למשל, שהטקסט מזמן. שלב זה לא מופיע בכל מנה.
חזרה: בסוף כל יחידה (חוברת) יש תרגילי חזרה על אוצר המילים, על הצורות ועל התבניות שנלמדו ביחידה. בתרגילי החזרה יש סיפור שנכתב באוצר המילים שכבר נלמד. הפעילויות בעקבות הסיפור בודקות את הבנת הנקרא.

לשון ההוראות והסמלילים (הסמלים הגרפיים)

שמרנו על הניסוח הרגיל בהוראות, ולכן הוספנו סמלילים ונתנו דוגמה לכל תרגיל. אם עדיין יש קושי בהבנת ההוראות, כדאי שהמורים יסבירו אותן. אפשר גם ללמד בהדרגה את הפעלים בהוראות.

כותבים — כתבו	מורה ותלמידים — דברו בכיתה	מותחים קו — מתחו קו	משחקים — שחקו
קוראים — קראו	מדברים עם חבר — דברו עם חבר	מסמנים — סמנו ☑	אני! — כתבו על עצמכם (הבעה אישית)
חושבים — חשבו	צובעים — צבעו	זה מזכיר לי — נזכרים בטקסט מהמקורות	מציגים — הציגו

שימו לב: מה צריך הלומד לדעת לפני התחלת הלימוד באלבום שלי?

1. שליטה באותיות האלף בית בדפוס ובכתב
2. שליטה בקריאה ברמת מילה, ברמת משפט וברמת קטע קצר או סיפור קצר
3. הבנת הנקרא ברמה של מילה, משפט וקטע קצר
4. כתיבה ברמה של תשובה במילה או במשפט אחד
5. הבעה בעל־פה ברמה של תשובות קצרות, שחזור של סיפור או המחזות קצרות
6. אוצר מילים של 150-200 מילים בנושאים של: הכיתה, הבית, המשפחה, הרחוב, החפצים בסביבה. אוצר המילים יכלול את כינויי הגוף, פעלים שימושיים, שמות עצם שימושיים, תארים שימושיים, מילות שאלה ומילות יחס חשובות.
7. צורות: שמות עצם בזכר, בנקבה, ברבים וברבות: ילד - ילדים, ילדה - ילדות, שמות תואר אחדים: טוב - טובה, גדול - גדולה, פעלים בעיקר בבניין פעל בהווה: לומד, קם
8. תבניות: משפט פועלי פשוט: היא כותבת במחברת. הוא הולך לבית הספר.
   משפטים שמניים: הספר על השולחן. איפה הכסא?
   משפטי יש / אין גם בשאלה
   התאמה בין שם עצם לשם תואר (ילד גדול)
   התאמה בין שם עצם לפועל בהווה (ילד יושב)
   הא היידוע (הילד היפה)
   ידיעת סדר מילים במשפט פשוט

הציפיות מן הלומד (בסוף יחידה 1)

ההיבט התקשורתי

א. הבנה (קריאה, האזנה)

1. הלומדים יוכלו להבין תיאור חיצוני של אדם (יש לו עיניים חומות. אין לו שער.) - 4-5 משפטים.
2. הלומדים יוכלו להבין תיאור של מסיבת יום הולדת (בזמן הווה) - 4-5 משפטים.
3. הלומדים יוכלו להבין הזמנה ליום הולדת או למסיבה אחרת ולהבחין בין הזמנה, כרטיס ברכה ורשימת קניות.
4. הלומדים יוכלו להבין שירה קצרה בנושא יום ההולדת.

ב. הבעה בעל־פה (דיבור)

1. הלומדים יוכלו לספר ולשוחח על חפצים שלהם (מה יש להם ומה אין להם.) ולערוך השוואה - 4-5 משפטים.
2. הלומדים יוכלו לשוחח שיחה, למשל בטלפון, של קבלת מידע על מסיבה שאמורה להתקיים.

ג. הבעה בכתב

1. הלומדים יוכלו לתאר בכתב את עצמם ואת חבריהם - 4-5 משפטים.
2. הלומדים יוכלו לכתוב הזמנה ליום הולדת וכרטיס ברכה ליום הולדת.
3. הלומדים יוכלו לכתוב מה הם עושים לפני מסיבה, במסיבה ואחריה - 4-5 משפטים.
4. הלומדים יוכלו לדווח בכתב על חפצים שלהם (מה יש להם בחדר).

ההיבט התרבותי-יהודי

1. הלומדים יכירו איך עורכים מסיבת יום הולדת לילדים בישראל ויוכלו להשוות למסיבה אצלם. (הזמנת כל ילדי הכיתה, שעת המסיבה, תכנית המסיבה, המתנות וכו׳.)
2. הלומדים יכירו שיר ילדים ידוע בישראל ליום הולדת.
3. הלומדים יבינו את הקשר האסוציאטיבי בין סיפור מימינו לסיפור במקרא ובכך יהיו שותפים לאסוציאציות של ילד יהודי בישראל.

ההיבט הלשוני

1. הלומדים ישלטו ב-60 מילים בנוסף ל-150 מילים שנלמדו בשנים קודמות. (המילים סביב נושא יום הולדת.)
2. הלומדים יהיו מודעים לשוני בין מערכת הפועל בעברית לבין מערכת הפועל בשפתם. הלומדים ידעו להשתמש בבנין פָּעַל שלמים.
3. הלומדים יעמדו על כך שתואר בא אחרי שם העצם ומתאים לו במין, במספר וביידוע.
4. הלומדים יכירו את צורות הריבוי של שם העצם.
5. הלומדים יעמדו על הייחוד של תבניות תחביריות כמו משפטי שייכות (יש לי / אין לי) ומשפטים שמניים (היא עצובה).
6. הלומדים יגלו שמילים מקראיות נמצאות בעברית של ימינו.
7. הלומדים יזהו בתפילה מלים שמשתמשים בהן בעברית של ימינו.

הקדמה למורה

ביחידה **יום הולדת** יש 9 תמונות וקטעי אלבום. הפעילויות השונות - קריאה, הבנת הנקרא בע"פ ובכתב, תרגילי לשון והבעה עצמית של הילדים - בנויות סביב התמונות והקטעים האלה.

בתחילת היחידה יש הכנה של אוצר המילים והקניה של תבניות לשון מרכזיות: **יש לי/אין לי, בן כמה, בת כמה...**. כדאי להכין את המילים ואת התבניות לפני כל תמונה. (ראו ההערות למורה ביחידה עצמה.)

שימו לב: אוצר המילים כולל מילות תוכן (שמות עצם, פעלים, תארים) ומילות מבנה (מילות יחס, מילות קישור, המופיעות ב'שונות'). מילות המבנה הן השימושיות ביותר לצורך בניית משפטים. בסוף היחידה יש תרגילי חזרה באוצר מילים, בפועל ובתבניות, ויש סיפור המתבסס על אוצר המילים שנלמד ביחידה.

שמות עצם

ברבים משמות העצם למשל: שיניים, שׂער, בגדים, שרשרת ועוד, אפשר להשתמש לתיאור עצמי. השמות האלה מופיעים בתיאור הדמויות והילדים יכולים להשתמש בהם כדי לתאר את עצמם. שמות עצם אחרים שייכים לנושא של יום הולדת.

בעמ' 12 מתורגלת ההפיכה של שמות עצם מיחיד לרבים. בשלב זה נלמדת רק סיומת רבים זכר-ים וסיומת רבים נקבה-ות. (לא תורגלו צורות כמו נר-נרות (רבים זכר-ות).

פעלים

שתי קבוצות פועל נלמדות באופן שיטתי: גזרת ע"ו בבניין פָּעַל הווה (שָׂם, שָׂמָה, שָׂמִים, שָׂמוֹת) (עמ' 14) וגזרת השלמים בבניין פָּעַל הווה (רוקד, רוקדת, רוקדים, רוקדות) (עמ' 20).

שמות תואר

יש הקנייה של שמות המספר מ-1 עד 10 בנקבה. שמות המספר בנקבה דרושים לתבנית הלשון **הוא בן/היא בת...**, וכן משתמשים בה לציון השעה ולציון מספר הבית ברחוב. תרגיל חזרה - במשחק בעמ' 29.

יש ביחידה מפגש ראשון עם כלל ההתאמה בין שם לשם התואר שלו: שׂער ארוך, עיניים ירוקות.

מתורגלים רק משפטים שבהם המין הדקדוקי הוא גם המין הטבעי. למשל: הילדה עצובה. בשלב זה תורגלו תארים בזכר ובנקבה יחיד (בעמ' 12).

שונות

- מילת היחס **ל** מתורגלת בתבנית **יש לי/אין לי**. יש הקניה של נטייתה ביחיד.
- מילת היחס **על** מצטרפת אל הפעלים **חושב**, **שומר**.
- מילות היחס **ב, לפני, אחרי** מופיעות בתיאורי זמן: לפני המסיבה, במסיבה, אחרי המסיבה (עמ' 21-22). אפשר לתרגל אותן בתיאורי זמן נוספים בהקשר אחר: לפני השיעור, בשיעור, אחרי השיעור.
- כינויי הגוף מופיעים בטבלת הפועל בעמ' 20.
- מילות שאלה שונות מתורגלות בעמ' 8. תרגילי חזרה - בעמ' 25.

תבניות

- התבנית **יש לי/אין לי** - תבנית בסיסית ושימושית מאוד - מוקנית באופן מדורג לאורך היחידה: **יש לי/אין לי** - עמ' 4, 6, 7, **יש לו/אין לו** - עמ' 16, המעבר **מיש לטל/יש לתמר** ל**יש לו/יש לה** - עמ' 16, משחק בעמ' 18, **יש לְךָ/יש לָךְ** - עמ' 21. **שימו לב:** לא כדאי להשתמש בתבנית יש/אין (בלי מילת היחס ל...) כיוון שבשפות אחרות תבנית זו שונה מתבנית יש ל...
- התבנית **בן/בת כמה...** מוקנית ומתורגלת בעמ' 5 וחוזרת גם אחר כך. יש לשים לב לתבנית מיוחדת זו, השונה מהרבה שפות ומשמשת בעיקר לציון הגיל.
- התבנית **זה אבא/זאת אמא** מתורגלת בעמ' 12. התבנית מוצגת גם עם שמות בנקבה שלא על פי מין טבעי (זאת עוגה), אך התלמידים אינם נדרשים להשתמש בה. בשלב זה הם מתבקשים להשתמש בתבנית זו רק עם שמות בעלי מין טבעי (זה אבא/זאת אמא).

תכנים וסוגות (ז'נרים)

היחידה מזמנת קטעים מסוגים שונים: קטעי תיאור, הזמנה, כרטיס ברכה, שיחת טלפון, שיר. הילדים מתנסים בהבעה בקטעים מסוגים שונים. יש ביחידה גם מפגש עם התנ"ך בתיאור של משה התינוק בתיבה שמתקשר אל תיאור האח הקטן התינוק (עמ' 10-11). ההנחה היא שהילדים מכירים את סיפור משה ויוכלו לשלב את הידע הקודם שלהם בהקשר החי של השפה. אפשר גם להביא לפניהם את הפסוקים המתאימים בספר שמות.

קוֹרְאִים

הַמִּילִים שֶׁלָּנוּ

שֵׁמוֹת

*אַבָּא
*אָח
*אָחוֹת
אַלְבּוֹם
*אִמָּא
*בְּגָדִים (בֶּגֶד)
*בַּיִת
*בֵּית סֵפֶר
גִיטָרָה
הַזְמָנָה
זָנָב
*חָבֵר
חֲבֵרָה
*חֶדֶר
חוֹדֶשׁ
חוּלְצָה
*חֲנוּת
טַבַּעַת
*יוֹם הוּלֶדֶת
*יֶלֶד
*יַלְדָּה
כּוֹבַע
*כִּיתָּה
*כֶּלֶב
כַּרְטִיס בְּרָכָה
כֶּתֶם
לַיְלָה
לֵיצָן

מוֹצֵץ
מִטְבָּח
*מִיטָּה
מִיץ
*מְסִיבָּה
מַצְלֵמָה
*מִשְׁפָּחָה
מִשְׁקָפַיִים
*מַתָּנָה
נֵרוֹת (נֵר)
סוּכָּרִיּוֹת (סוּכָּרִיָּה)
סִיפּוּר
*עוּגָה
*עֵינַיִים (עַיִן)
*רְחוֹב
רִיקוּדִים (רִיקוּד)
שׁוּעָל
*שִׁינַּיִים (שֵׁן)
שִׁירִים (שִׁיר)
*שֵׁם (שְׁמִי)
שִׂמְלָה
שָׁעוֹן
שַׁרְשֶׁרֶת
תֵּבָה
תּוֹרָה
תִּינוֹק
תִּיק
*תְּמוּנָה

פְּעָלִים

*אוֹהֵב
*אוֹכֵל
*אוֹפֶה
*בָּא
*בּוֹכֶה
*גָּר
*הוֹלֵךְ
*זוֹכֵר
*חוֹשֵׁב
יָשֵׁן
*נוֹתֵן
*עוֹשֶׂה
*פּוֹתֵחַ
*צוֹחֵק
*רוֹאֶה
*רוֹצֶה
*רוֹקֵד
שׁוֹמֵר
שׁוֹתֶה
*שָׁם
*שָׂמֵחַ
*שָׁר

תְּאָרִים

אָרוֹךְ
*גָּדוֹל
*חָדָשׁ
*חוּם
חָמוּד
*יָפֶה
*יָרוֹק
עָצוּב
*קָטָן
קָצָר
*שָׁחוֹר

שְׁמוֹת מִסְפָּר

*אַחַת
*שְׁתַּיִים, שְׁתֵּי-
*שָׁלוֹשׁ
*אַרְבַּע
*חָמֵשׁ
*שֵׁשׁ
*שֶׁבַע
*שְׁמוֹנֶה
*תֵּשַׁע
*עֶשֶׂר

שׁוֹנוֹת

שְׁמוֹת גּוּף

*אֲנִי
*אַתָּה
*אַתְּ
*הוּא
הִיא
*אֲנַחְנוּ
*אַתֶּם
*אַתֶּן
*הֵם
*הֵן

מִילּוֹת יַחַס

*אַחֲרֵי / בְּ...
*לְ... / מִ...
*לְיַד
*לִפְנֵי
*עַל
*עִם
*שֶׁל, שֶׁלִּי

מִילּוֹת שְׁאֵלָה

*אֵיפֹה
*לָמִי
*מָה
*מִי
*מָתַי

מִילּוֹת קִישּׁוּר

*אֲבָל
גַּם
כִּי
רַק

תַּבְנִיּוֹת

יֵשׁ לִי אַלְבּוֹם.
אֵין לִי תְּמוּנָה.
אֲנִי בֶּן שֶׁבַע.
אֲנִי בַּת שְׁמוֹנֶה.
בֶּן כַּמָּה אַתָּה?
בַּת כַּמָּה אַתְּ?
זֶה אַבָּא.
זֹאת אִמָּא שֶׁל תָּמָר.
מָה אַתָּה עוֹשֶׂה?

לְשׁוֹן הַהוֹרָאוֹת

כִּתְבוּ
קִרְאוּ
חִשְׁבוּ
דַּבְּרוּ
סַפְּרוּ
סַמְּנוּ ✓
מִתְחוּ קַו
שַׂחֲקוּ
צִבְעוּ
דּוּגְמָה
תַּשְׁבֵּץ

בִּיטּוּיֵי זְמַן

הַיּוֹם

למורה:

- ההנחה היא שהתלמידים מכירים כבר כ-40 מילים מן הרשימה מלימוד קודם. המילים השימושיות ביותר מסומנות ב*. שאר המילים דרושות להבנת הקטעים.
- המורים ישקלו על פי רמת הכיתה איך להקנות את לשון ההוראות. בשלב זה אפשר גם להסביר לילדים את ההוראות בשפת האם שלהם.
- כאשר מקנים את לשון ההוראות בעברית, כדאי לעשות זאת באופן מדורג. אפשר למשל ללמד בכל שיעור שני פעלי הוראה. לעיתים אפשר להיעזר באיורי הסמלים (אייקונים) כדי להסביר את פועל ההוראה.

א. מָה יֵשׁ לִי? מָה אֵין לִי?

דוּגְמָה:

שׁוּלִי הַשּׁוּעָל

זָנָב יֵשׁ לִי

מִשְׁקָפַיִים אֵין לִי

כִּתְבוּ לְיַד כֹּל מִילָה יֵשׁ לִי אוֹ אֵין לִי.

חָתוּל ______

אוֹפַנַּיִים ______

אַלְבּוֹם ______

כַּדּוּרֶגֶל ______

צַמּוֹת ______

כֶּלֶב ______

גִּיטָרָה ______

שֵׂעָר אָרוֹךְ ______

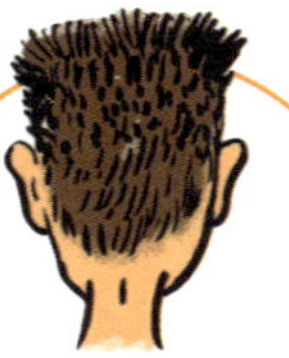

שֵׂעָר קָצָר ______

מִשְׁקָפַיִים ______

מַחְשֵׁב ______

למורה:

- **תרגיל א: הקניית יש לי, אין לי**

הילדים מתרגלים את התבניות **יש לי, אין לי** שיופיעו בטקסטים הבאים ביחידה. צריך להסביר לילדים שהמשפטים האלה הם על עצמם.
הילדים צריכים לכתוב אם יש להם או אין להם חתול, אופניים...

* כדאי לתרגל משפטים דומים בעל פה בכיתה ולהמחיש זאת בעזרת חפצים של הילדים.
* אפשר להראות כרטיסיות עם שמות הפריטים ושתי כרטיסיות של **יש לי**, **אין לי**.

מראים כרטיסייה לכיתה + כרטיסייה עם **יש לי**. הילדים שיש להם הפריט מצביעים ואומרים משפט. אחר כך מראים כרטיסייה + **אין לי** וכן הלאה.

ב. בֶּן כַּמָּה? בַּת כַּמָּה? קוֹרְאִים

דּוּגְמָה: בֶּן כַּמָּה אֲרִיאֵל? הוּא בֶּן שֵׁשׁ.

בַּת כַּמָּה אִילָנָה? הִיא בַּת תֵּשַׁע.

1	2	3	4	5	6	7	8	9	10
אַחַת	שְׁתַּיִם	שָׁלוֹשׁ	אַרְבַּע	חָמֵשׁ	שֵׁשׁ	שֶׁבַע	שְׁמוֹנֶה	תֵּשַׁע	עֶשֶׂר

1. כִּתְבוּ. כּוֹתְבִים

הוּא ______

הִיא ______

2. כִּתְבוּ. אֲנִי! כּוֹתְבִים

בַּת כַּמָּה אַתְּ?	בֶּן כַּמָּה אַתָּה?
אֲנִי ______	
יֵשׁ לִי יוֹם הוּלֶדֶת בְּחוֹדֶשׁ ______	

למורה:

- **תרגיל ב:** הקניית השאלות **בן כמה? בת כמה?** והתשובות **הוא בן..., היא בת...**
- **תרגיל ב1:** הילדים כותבים את הגיל לפי מספר הנרות.
- **תרגיל ב2:** הילדים כותבים על עצמם ובוררים בין צורת הזכר לצורת הנקבה.

* אפשר לתרגל את השאלות ותשובות בזוגות. כל ילד שואל את בן זוגו: **בן כמה אתה? בן כמה האח שלך? בת כמה האחות שלך?** (בשלב זה מלמדים את **שלך שלך** כמילה בודדת. מלמדים גם **אח ואחות**).

* אפשר להכין מחרוזת של 12 פרחים גדולים מקרטון לכל החודשים. הילדים יכתבו את שמם בחודש הולדתם. (אפשר להדביק גם את תמונותיהם).

* אפשר לתרגל את המספרים המשמעות הכמותית) בתרגילי חשבון (תרגילי חיבור עד עשר) 5+3=8. אפשר לכתוב על הלוח, ואפשר לתרגל בזוגות (אחד **ועוד** אחד.)

זֹאת אֲנִי

קוֹרְאִים

שְׁמִי תָּמָר.
יֵשׁ לִי אָח גָּדוֹל וְאָח קָטָן.
אֵין לִי אָחוֹת.
יֵשׁ לִי שֵׂעָר שָׁחוֹר וְאָרוֹךְ.
יֵשׁ לִי עֵינַיִם יְרוּקוֹת
וְיֵשׁ לִי מִשְׁקָפַיִם.
יֵשׁ לִי הַיּוֹם יוֹם הוּלֶדֶת.
אֲנִי בַּת שְׁמוֹנֶה.

1

א. אֲנִי תָּמָר אוֹ לֹא?

קוֹרְאִים | מְסַמְּנִים

1. קִרְאוּ.

יֵשׁ לִי יוֹם הוּלֶדֶת. אֲנִי בַּת שֵׁשׁ.
יֵשׁ לִי עֵינַיִם שְׁחוֹרוֹת, וְיֵשׁ לִי מִשְׁקָפַיִם.

2. סַמְּנוּ ☑.

אֲנִי תָּמָר. ☐ אֲנִי לֹא תָּמָר. ☐

ב. אַלְבּוֹם חָדָשׁ

קוֹרְאִים

1. קִרְאוּ מָה תָּמָר אוֹמֶרֶת.

יֵשׁ לִי אַלְבּוֹם חָדָשׁ.
אֲנִי שָׂמָה בָּאַלְבּוֹם תְּמוּנוֹת שֶׁל הַמִּשְׁפָּחָה שֶׁלִּי, תְּמוּנוֹת שֶׁל הַחֲבֵרִים שֶׁלִּי וּתְמוּנוֹת שֶׁלִּי.

כּוֹתְבִים

2. כִּתְבוּ [כֵּן] אוֹ [לֹא].

בָּאַלְבּוֹם שֶׁל תָּמָר אֲנִי רוֹאָה

- תְּמוּנוֹת שֶׁל תָּמָר. [כֵּן]
- תְּמוּנוֹת שֶׁל חֲתוּלִים. ☐
- תְּמוּנוֹת שֶׁל הָאַחִים שֶׁל תָּמָר. ☐
- תְּמוּנוֹת שֶׁל הַחֲבֵרָה שֶׁל תָּמָר. ☐

למורה:

- **תמונה 1:** קראו בקול לפני הילדים את קטע האלבום **"זאת אני"**.

* שאלו את הילדים שאלות כגון: **יש לתמר אח גדול? יש לתמר אחות? יש לתמר עיניים שחורות?**

- הילדים יקראו בקריאה דמומה כדי לענות על השאלות. כדאי לבקש בשלב זה את התשובות של **כן** או **לא**, מכיוון שעדיין לא נלמדה התבנית **יש לתמר, יש לה**.
- **תרגיל א:** התלמידים יקראו את הקטע ויחליטו אם התיאור מתאים לתמר או לא.
- **תרגיל ב:** לפני התרגיל יש להקנות את הפועל **שם/שמה** ואת הפועל **רואה/ רואָה**. שני הפעלים ניתנים להמחשה בכיתה. **בתרגיל ב2,1** התלמידים קוראים את דברי תמר וכותבים **כן** או **לא** בתרגיל. המורים יסבו את תשומת לבם של הילדים למשפט הראשון: **"באלבום של תמר אני רואה..."** וכן למשפט הדוגמה.

* הילדים יכולים לספר בכיתה מה הם שמים באלבום שלהם. **(שם/שמה)** לפי הדגם של דברי תמר.

יֵשׁ לְתָמָר מִשְׁקָפַיִים.

לְתָמָר יֵשׁ מִשְׁקָפַיִים.

ג. תָּמָר וַאֲנִי

קוֹרְאִים

1. קִרְאוּ מָה יֵשׁ אוֹ אֵין לְתָמָר.

אֲנִי! כּוֹתְבִים

2. כִּתְבוּ. יֵשׁ לִי אוֹ אֵין לִי

תָּמָר		אֲנִי
דוּגְמָה:	אֵין לְתָמָר זָנָב.	אֵין לִי זָנָב.
	יֵשׁ לְתָמָר אָח גָּדוֹל.	
	יֵשׁ לְתָמָר אָח קָטָן.	
	אֵין לְתָמָר אָחוֹת.	
	יֵשׁ לְתָמָר מִשְׁקָפַיִים.	
	יֵשׁ לְתָמָר שֵׂעָר אָרוֹךְ.	
	יֵשׁ לְתָמָר שֵׂעָר שָׁחוֹר.	
	יֵשׁ לְתָמָר עֵינַיִם יְרוּקוֹת.	
	יֵשׁ לְתָמָר יוֹם הוּלֶדֶת הַיּוֹם.	

מדברים עם חבר

3. סַפְּרוּ בַּכִּיתָה: יֵשׁ לִי... אֵין לִי...

מורה ותלמידים

4. סַפְּרוּ בַּכִּיתָה: לְמִי יֵשׁ...? לְ... יֵשׁ...

למורה:

- **תרגיל ג1:** הילדים קוראים בטור הימני מה יש לתמר.
- **תרגיל ג2:** זהו תרגיל הבעה שבו כל ילד משווה את עצמו לתמר וכותב על עצמו משפטים בתבנית **יש לי, אין לי.**
- **תרגיל ג3:** זהו תרגיל של הבעה בע"פ. כדאי לעשותו במסגרת הכיתה או בקבוצה קטנה.
- **תרגיל ג4:** הצגת השאלה למי יש? המורים ישאלו בכיתה: **למי יש משקפיים? למי יש שער שחור?** וכו' והילדים יענו: **ליוסי יש משקפיים.**

* יש להקנות את שתי האפשרויות **יש לתמר...**/ **לתמר יש** (הדוגמה במסגרת למעלה).

* **הצעה לכרזה:** הילדים יעתיקו על דפים את התיאור על עצמם **(ג2)** וידביקו תמונה שלהם. מכינים כרזה עם תיאור ילדי הכיתה על הקיר.

הַהַזְמָנָה לְיוֹם הוּלֶּדֶת

קוראים

יֵשׁ לִי יוֹם הוּלֶּדֶת.
הַמְּסִיבָּה בְּיוֹם שִׁישִּׁי בְּשָׁעָה שָׁלוֹשׁ
בַּבַּיִת שֶׁלִּי בִּרְחוֹב אָבִיב 10.
הַבַּיִת שֶׁלִּי לְיַד בֵּית הַסֵּפֶר.

לְהִתְרָאוֹת
תָּמָר

2

א. בַּטֶּלֶפוֹן

קוראים כותבים

1. קִרְאוּ אֶת הַהַזְמָנָה לְיוֹם הוּלֶּדֶת.
2. קִרְאוּ מָה שׁוֹאֵל מִיכָאֵל.
3. כִּתְבוּ מָה רָחֵלִי אוֹמֶרֶת בַּטֶּלֶפוֹן.

מִיכָאֵל	רָחֵלִי
הַלּוֹ, רָחֵלִי!	מִיכָאֵל, יֵשׁ לִי הַזְמָנָה לְיוֹם הוּלֶּדֶת.
לְמִי יֵשׁ יוֹם הוּלֶּדֶת?	לְ______ יֵשׁ יוֹם הוּלֶּדֶת.
מָתַי הַמְּסִיבָּה?	הַ מְסִיבָּה בְּיוֹם ______ בְּ______ שָׁלוֹשׁ.
אֵיפֹה הַמְּסִיבָּה?	הַ______ בַּבַּיִת שֶׁל ______.
אֵיפֹה תָּמָר גָּרָה?	הִיא גָּרָה בִּ רְחוֹב ______ 10.
הַבַּיִת שֶׁל תָּמָר לְיַד הַחֲנוּת הַגְּדוֹלָה?	לֹא, הַ______ שֶׁל תָּמָר לְיַד ______ ______.
אַתְּ נוֹתֶנֶת לְתָמָר מַתָּנָה?	כֵּן, אֲנִי ______ ______ אַלְבּוֹם.

למורה:
- הקנו בכיתה את המילים החדשות: **הזמנה** (אפשר להביא הזמנות מודפסות), **מסיבה, רחוב, ליד**. (איפה אתה גר? אתה גר ליד הפארק?)
- קראו את קטע האלבום **"הזמנה ליום הולדת"** בקול לפני התלמידים ושאלו שאלות כגון: **המסיבה ביום שלישי? הבית של תמר ברחוב אביב?** הילדים יענו **כן** או **לא**. השאלות בעל פה מכינות אותם לתרגיל הבא בהמשך.
- **תרגיל א1:** התלמידים שבים וקוראים בקריאה דמומה את **"ההזמנה"** כדי שיוכלו לענות על תרגיל א3,2.
- **תרגיל א3,2:** הילדים קוראים את השאלות של מיכאל ומשלימים את התשובות של רחלי (תשובה מול שאלה) שימו לב, שני המשפטים הראשונים פותחים את השיחה.

* אפשר לקרוא בכיתה בסבב: ילד קורא שאלה, ילד קורא תשובה וכן הלאה.
* לפי שיקול הדעת של המורה אפשר לכתוב יחד עם הילדים הזמנה ליום ההולדת של ילד בשם רמי. בצד אחד של הלוח כותבים פרטים על רמי: הרחוב שרמי גר בו (שם של רחוב שהילדים מכירים בעירם), יום המסיבה והשעה. אחר כך כותבים הזמנה חדשה לפי הדוגמה שבאלבום.

קוֹרְאִים

אַבָּא בַּמִּטְבָּח

זֶה אַבָּא שֶׁלִּי.
הוּא שָׂם סוּכָּרִיּוֹת
וְנֵרוֹת עַל הָעוּגָה.
אֲנִי אוֹהֶבֶת עוּגוֹת שֶׁל
יוֹם הוּלֶדֶת!

3

א. דַּבְּרוּ עִם חָבֵר.

מְדַבְּרִים עִם חָבֵר

אֵיפֹה אַבָּא?
אֵיפֹה אִמָּא?
אֵיפֹה טַל?

אַבָּא: תָּמָר, אֲנִי בַּמִּטְבָּח וְאִמָּא בַּחֲנוּת,
וְטַל הַתִּינוֹק בּוֹכֶה בַּמִּיטָה.

תָּמָר: אַבָּא, אֲנִי הוֹלֶכֶת לַחֶדֶר שֶׁל טַל.

חוֹשְׁבִים | מוֹרֶה וְתַלְמִידִים

ב. דַּבְּרוּ בַּכִּיתָּה.

לָמָּה אַבָּא בַּמִּטְבָּח?
לָמָּה אִמָּא בַּחֲנוּת?
לָמָּה תָּמָר הוֹלֶכֶת לַחֶדֶר
שֶׁל טַל?

ג. אַתֶּם יוֹדְעִים / אַתֶּם לֹא יוֹדְעִים

כִּתְבוּ לְיַד כֹּל שְׁאֵלָה **אֲנַחְנוּ יוֹדְעִים** אוֹ **אֲנַחְנוּ לֹא יוֹדְעִים**

1. מִי שָׂם סוּכָּרִיּוֹת עַל הָעוּגָה? ______________
2. מִי אוֹפֶה אֶת הָעוּגָה? ______________
3. מִי שָׂם נֵרוֹת עַל הָעוּגָה? ______________
4. מִי אוֹהֵב סוּכָּרִיּוֹת? ______________
5. מִי אוֹהֵב עוּגוֹת שֶׁל יוֹם הוּלֶדֶת? ______________

למורה:

- לפני הקריאה הקנו את המילים: **מטבח, עוגה, סוכריות, נרות, מיטה, חדר** ואת הפועל **בוכה**. אפשר להמחיש את המילים בציורים. לפני הקריאה הילדים יכולים להסתכל בתמונה ולספר מה הם רואים.
- קראו לפני התלמידים את קטע האלבום **"אבא במטבח"** ואת דברי אבא ותמר.
- **תרגיל א:** הילדים עונים על השאלות בזוגות. הילדים כותבים תשובות על הלוח.
- **תרגיל ב:** קוראים את השאלות ועונים בע"פ. אפשר גם לשאול את השאלות והילדים יכתבו את התשובות במחברת. **שימו לב:** תרגיל ב הוא תרגיל של השלמת פערים והבנה מתוך הקשר. התשובות לא כתובות בקטע במפורש.
- **בתרגיל ג** בודקים עם התלמידים על אילו שאלות יש תשובות בקטע ועל אילו אין. (אין תשובות לשאלות 2 ו-4.) הילדים יכולים לנמק את תשובותיהם ולהראות אם זה כתוב או לא.

קוֹרְאִים

אֲנִי שׁוֹמֶרֶת עַל טַל הַתִּינוֹק

זֶה טַל - הָאָח הַקָּטָן שֶׁלִּי.
הוּא בֶּן שְׁלוֹשָׁה חוֹדָשִׁים.
אֲנִי שׁוֹמֶרֶת עַל טַל. הוּא בַּמִּיטָּה.
הוּא יָשֵׁן...
יֵשׁ לוֹ עֵינַיִים חוּמוֹת.
אֵין לוֹ שִׁינַּיִים, אֵין לוֹ שֵׂעָר.
וַאֲנִי חוֹשֶׁבֶת: יֵשׁ לִי אָח חָמוּד!

4

א. אֵיפֹה? מָה? מִי? בֶּן כַּמָּה?

מוֹתְחִים קַו

מִתְחוּ קַו כְּמוֹ בַּדּוּגְמָה.

מִי זֶה טַל הַתִּינוֹק?	הוּא בֶּן 3 חוֹדָשִׁים.
מָה טַל עוֹשֶׂה?	הוּא בַּחֶדֶר שֶׁלּוֹ, בַּמִּיטָּה.
אֵיפֹה תָּמָר?	הִיא שׁוֹמֶרֶת עַל הַתִּינוֹק.
אֵיפֹה הַתִּינוֹק?	הוּא הָאָח שֶׁל תָּמָר.
מָה תָּמָר עוֹשָׂה?	הוּא יָשֵׁן.
בֶּן כַּמָּה טַל?	הִיא בַּחֶדֶר שֶׁל טַל.

למורה:

- קראו בקול רם לפני התלמידים את קטע האלבום **"אני שומרת על טל התינוק"**. שאלו אותם בע"פ שאלות כגון: **מי האח של תמר? בן כמה טל? מי שומר על טל?**

* הוסיפו שאלות להבעה אישית: **גם אתם שומרים על האחים שלכם?** הילדים מספרים על אחים ואחיות קטנים ואם הם אוהבים לשמור עליהם.

- **תרגיל א** הוא תרגיל של הבנת הנקרא לקטע **"אני שומרת על טל התינוק"**. הילדים צריכים לקשר בין השאלה לתשובה על פי תוכן השאלה ועל פי שמות הגוף בתשובה.

ב. הַסִּיפּוּר בַּתּוֹרָה

אֲנִי זוֹכֵר...

הַמַּזְכִּירִי · קוֹרְאִים

אֲנִי זוֹכֵר אֶת הַסִּיפּוּר בַּתּוֹרָה עַל מֹשֶׁה הַתִּינוֹק.
גַּם מֹשֶׁה בֶּן שְׁלוֹשָׁה חוֹדָשִׁים.
הוּא לֹא בַּמִּיטָה, הוּא בַּתֵּבָה (בַּיְאוֹר).
מִרְיָם שׁוֹמֶרֶת עַל מֹשֶׁה. הִיא הָאָחוֹת שֶׁלּוֹ.

ג. טַל הַקָּטָן וּמֹשֶׁה הַקָּטָן

קוֹרְאִים · כּוֹתְבִים

קִרְאוּ "אֲנִי שׁוֹמֶרֶת עַל טַל הַתִּינוֹק" (עַמּוּד 10) וְ"הַסִּיפּוּר בַּתּוֹרָה" (עַמ' 11) וְכִתְבוּ:

טַל בְּיִשְׂרָאֵל	מֹשֶׁה בְּמִצְרַיִם
טַל בַּ ________.	מֹשֶׁה בַּ תֵּבָה.
טַל בֶּן ________ ________.	מֹשֶׁה בֶּן ________ ________.
________ הָאָחוֹת שֶׁל ________ שׁוֹמֶרֶת עַל טַל.	מִרְיָם ________ שֶׁל מֹשֶׁה ________ ________ ________.

שמות ב' 4-2

וַתַּהַר הָאִשָּׁה וַתֵּלֶד בֵּן וַתֵּרֶא אֹתוֹ כִּי־טוֹב הוּא וַתִּצְפְּנֵהוּ שְׁלֹשָׁה יְרָחִים׃
וְלֹא־יָכְלָה עוֹד הַצְּפִינוֹ וַתִּקַּח־לוֹ תֵּבַת גֹּמֶא וַתַּחְמְרָה בַחֵמָר וּבַזָּפֶת
וַתָּשֶׂם בָּהּ אֶת־הַיֶּלֶד וַתָּשֶׂם בַּסּוּף עַל־שְׂפַת הַיְאֹר׃ וַתֵּתַצַּב אֲחֹתוֹ
מֵרָחֹק לְדֵעָה מַה־יֵּעָשֶׂה לוֹ׃

ד. סַפְּרוּ בַּכִּיתָּה

מדברים על ילדים

- אֵיפֹה מֹשֶׁה?
- אֵיפֹה אִמָּא שֶׁל מֹשֶׁה?
- לָמָה מֹשֶׁה בַּתֵּבָה?
- מִי רוֹאֶה אֶת מֹשֶׁה בַּיְאוֹר?

למורה:

- קראו בקול רם לפני התלמידים את **ב. "הסיפור בתורה"**. שאלו אותם בע"פ שאלות כגון: **משה האח של תמר? בן כמה משה? משה במיטה? מי שומר על משה?**
- **תרגיל ג:** הילדים שבים וקוראים את הקטעים בעמ' 11-10 ומשלימים את הטבלה.
- **תרגיל ד:** אפשר להסתמך על ידע קודם של הילדים ולהיזכר בסיפור על משה בתבה. הילדים יענו בע"פ.

* המורים יכולים להסביר או לתרגם את הפסוקים מספר שמות ב, ב-ד (עמ' 11). הילדים יכולים למצוא בפסוקים את המילים: **אחותו, אשה, בן, יאור, ילד, תבה, תבת**. המטרה היא להביא אותם לזהות מילים מוכרות גם בטקסט תנ"כי קשה.

ה. זֶה יֶלֶד | זֹאת יַלְדָּה

מוֹתְחִים קַו

מִתְחוּ קַו.

זֶה

זֹאת

אִמָּא שֶׁל תָּמָר

אַבָּא שֶׁל תָּמָר

יוֹתָם, הָאָח שֶׁל תָּמָר

תָּמָר

טַל הַתִּינוֹק

הָאָחוֹת שֶׁל מֹשֶׁה

ו. שַׂחֲקוּ עִם חָבֵר.

מְשַׂחֲקִים

ז. הוּא שָׂמֵחַ / הִיא שְׂמֵחָה

כּוֹתְבִים

כִּתְבוּ אֶת הַמִּילִים הַחֲסֵרוֹת. (הַמִּילִים בַּסַּל).

אַבָּא עָצוּב .   אִמָּא עֲצוּבָה .

אַתְּ ________ .   אַתָּה ________ .

הַתִּינוֹק ________ .   הָאָחוֹת שֶׁלִּי ________ .

הַיַּלְדָּה ________ .   הָאָח שֶׁלִּי ________ .

הַכֶּלֶב ________ .   הַחֲתוּלָה ________ .

שָׂמֵחַ / שְׂמֵחָה

גָּדוֹל / גְּדוֹלָה

עָצוּב / עֲצוּבָה

קָטָן / קְטַנָּה

חָמוּד / חֲמוּדָה

ח. אֶחָד וְהַרְבֵּה

כּוֹתְבִים

כִּתְבוּ כְּמוֹ בַּדּוּגְמָה.

יֶלֶד	יְלָדִים	בַּלּוֹן	________	סִיפּוּר	________
יַלְדָּה	יְלָדוֹת	עוּגָה	________	מְסִיבָּה	________

למורה:

- **תרגיל ה** מקנה את התבנית **זה ילד, זאת ילדה**. הלומדים יתאימו את המילים **זה** או **זאת** לדמות בצד שמאל.
- **בתרגיל ו** משחקים בזוגות. ילד אחד שם אצבע על תמונה והילד השני אומר משפט מתאים כגון: **זה טל התינוק**. אחר כך מתחלפים הילדים בתפקידים. המשפטים בתרגיל ה מתאימים למשחק ו. הילד ששם את האצבע על תמונה יכול לשאול **מי זה? מי זאת?**
- **תרגיל ז** מתרגל את התאמת התואר לשם בזכר ובנקבה יחיד. כל תואר מתאים לכל משפט. בתרגיל זה יש זהות בין המין הטבעי ובין המין הדקדוקי.
- **בתרגיל ח** הילדים מתנסים בהפיכת שם עצם ביחיד לשם עצם ברבים לפי הדוגמה. בשלב זה נלמדת צורת סיומת הנקבה, סיומת הרבים וסיומת הרבות. צורות אחרות יילמדו בשלב אחר.

אֲנִי לִפְנֵי הַמְּסִיבָּה

קוֹרְאִים

לִפְנֵי הַמְּסִיבָּה אֲנִי לֹא
יְשֵׁנָה בַּלַּיְלָה.
אֲנִי רוֹצָה מְסִיבָּה יָפָה.
אֲנִי חוֹשֶׁבֶת: הַיְלָדִים אוֹהֲבִים שִׁירִים?
הַיְלָדִים אוֹהֲבִים רִיקוּדִים?
אֲנִי חוֹשֶׁבֶת גַּם עַל הַבְּגָדִים שֶׁלִּי
וְגַם עַל הַשֵּׂעָר שֶׁלִּי.

5

א. אֲנִי לִפְנֵי הַמְּסִיבָּה

אֲנִי! מְסַמְּנִים

סַמְּנוּ ✓.

לִפְנֵי מְסִיבָּה אֲנִי < חוֹשֵׁב / חוֹשֶׁבֶת

☐ עַל הַשֵּׂעָר שֶׁלִּי.
☐ עַל הַיְלָדִים בַּמְּסִיבָּה.
☐ עַל הַמּוּזִיקָה בַּמְּסִיבָּה.
☐ עַל הַבְּגָדִים שֶׁלִּי.
☐ עַל הָאוֹכֶל בַּמְּסִיבָּה.
☐ עַל הָרִיקוּדִים בַּמְּסִיבָּה.
☐ עַל ______________

____

לִפְנֵי הָאוֹכֶל

אַחֲרֵי הָאוֹכֶל

למורה:

- לפני הקריאה הסבירו לילדים את המילים: **שירים, ריקודים, בגדים, צמה, קוקיות.** הקנו את **לפני ואחרי**. הילדים יכולים לצייר זוגות ציורים כמו: לפני ואחרי יום ספורט, לפני ואחרי 12:00 בלילה. שאלו שאלה ממקדת לפני הקריאה: **למה תמר לא ישנה בלילה?**
- קראו בקול רם לפני התלמידים את קטע האלבום **"אני לפני המסיבה"**. אחרי הקריאה שאלו: **על מה תמר חושבת?** (אפשר לכתוב על הלוח שתי התחלות למשפטי תשובה: 1. תמר חושבת על**...** והילדים ישלימו, למשל, **על הבגדים...** 2. תמר חושבת: והילדים ישלימו, למשל, **הילדים אוהבים שירים?...**
- **תרגיל א** הוא תרגיל של עבודה אישית. כל ילד מסמן מה שמתאים לו ויכול להוסיף משלו. (אפשר לעשות פעילות זו לפני קריאת הקטע.)

* אפשר לערוך תשובה בין תמר לבין מה שהילדים סימנו בתרגיל א. למשל: תמר חושבת על הבגדים ויונתן חושב על המתנות.

* מציירים את התסרוקות שתמר חושבת עליהן. מסתכלים בתמונה בעמ' 10. המורה שואל: **מה יש לתמר: קוקיות? שער ארוך? צמות?**

ב. הוּא שָׁר, הִיא שָׁרָה.

שָׁר	שָׁרִים
שָׁרָה	שָׁרוֹת

כִּתְבוּ.

1. אַבָּא ________ סוּכָּרִיּוֹת עַל הָעוּגָה.
   שָׂם / שָׂמָה
2. תָּמָר ________ עַל יַד בֵּית הַסֵּפֶר.
   גָּר / גָּרָה
3. הַיְלָדִים ________ שִׁיר שֶׁל יוֹם הוּלֶדֶת.
   שָׁרָה / שָׁרִים
4. הַחֲבֵרוֹת שֶׁל תָּמָר ________ לַמְּסִיבָּה.
   בָּאוֹת / בָּאִים

ג. מִשְׂחַק בִּינְגוֹ קָטָן

הַשּׁוֹפֵט

שָׂם
בָּא
גָּר
שָׁר

א	ב
שָׁרִים	גָּרוֹת
גָּרִים	שָׂמוֹת
בָּאִים	שָׁרוֹת
שָׂמִים	בָּאוֹת

למורה:
- **תרגיל ב:** יש הקנייה של הפועל **לָשִׁיר** ובתרגיל התלמידים צריכים לבחור בצורה הנכונה.
- **תרגיל ג:** משחק: הילדים מתחלקים לשלישיות. בכל שלישייה יש שופט ושני מתחרים:
ילד א מתייחס לרשימה א וילד ב - לרשימה ב. כדי לשמור על אובייקטיביות, השופט מסתיר בספר שלו בדף נייר את הרשימות א' ו-ב'.
הוא קורא את הפעלים מצד ימין באופן מקרי. כאשר השופט קורא למשל את הפועל **שָׂם**, ילד א מסמן ✓ ליד הפועל **שָׂמִים**
וילד ב - ליד הפועל **שָׂמוֹת**. מי שסימן 3 מילים שכנות צועק **בינגו** והוא המנצח. במשחק הזה התלמידים מבחינים בקשר בין הפועל ביחיד לפועל ברבים.

* אפשר לתרגל את הפעלים בע"פ. אפשר לשאול: **איפה אתה גר? מתי אתה בא לבית הספר? מה אתם שרים בתפילה? מה אתם שמים על השולחן בכיתה?**

זֹאת אִמָּא שֶׁלִּי

קוֹרְאִים

לְאִמָּא שֶׁלִּי יֵשׁ גִּיטָרָה
וְהִיא שָׁרָה שִׁירִים יָפִים.
אִמָּא שָׁרָה עִם הַיְלָדִים בַּמְּסִבָּה.
הַיְלָדִים אוֹהֲבִים שִׁירִים
שֶׁל יוֹם הוּלֶדֶת.
רַק גַּיְא לֹא אוֹהֵב שִׁירִים.
הוּא רוֹצֶה עוּגָה וְסוּכָּרִיּוֹת.

6

א. שִׁיר לְיוֹם הוּלֶדֶת

שָׁרִים

מילים: רסקין, לחן: גלעד

יוֹם הוּלֶדֶת
חֲגִיגָה נֶחְמֶדֶת
מָה נָעִים וּמָה נֶחְמָד
שֶׁכָּל בֵּן וְכָל בַּת
לֹא נוֹלְדוּ בְּיוֹם אֶחָד
רַק בְּיוֹם הוּלֶדֶת.

1. כִּתְבוּ.

כּוֹתְבִים אֲנִי!

דּוּגְמָה: אֲנִי נוֹלַדְתִּי בְּ יוֹם שְׁלִישִׁי.

(אֲנִי) נוֹלַדְתִּי בְּ ______________ .

הֶחָבֵר שֶׁלִּי נוֹלַד בְּ ______________ .

הַחֲבֵרָה שֶׁלִּי נוֹלְדָה בְּ ______________ .

יוֹם רִאשׁוֹן	יוֹם שֵׁנִי	יוֹם שְׁלִישִׁי	יוֹם רְבִיעִי	יוֹם חֲמִישִׁי	יוֹם שִׁישִׁי	שַׁבָּת

ב. מִי שָׁר בַּמְּסִבָּה?

מְסַמְּנִים

סַמְּנוּ ☑ לְפִי "זֹאת אִמָּא שֶׁלִּי".

☐ הַיְלָדִים ☐ גַּיְא ☐ אִמָּא ☐ טַל הַתִּינוֹק

למורה:

- קראו בקול רם לפני התלמידים את קטע האלבום - **"זאת אמא שלי"** ובקשו מהילדים לספר על אמא ועל גיא לפי התמונה ולפי הקטע.

* אפשר לערוך משאל בכיתה: **מי אוהב שירים? מי כמו גיא!**

- **תרגיל א:** אפשר ללמד את השיר המוצע (ראו תווים בעמ׳ 16) או שיר יום הולדת אחר, כמו **"היום יום הולדת"**.
  הילדים לא צריכים להבין את כל המילים בשיר. אפשר להסביר באופן כללי את הרעיון.
  שימו לב: המילה **נחמדת** והצירוף **מה נעים ומה נחמד...** מופיעים רק בעברית הגבוהה והספרותית.

- **תרגיל א1:** את שלושת הפעלים **נולדתי, נולד, נולדה** צריך ללמד כמילים בלבד ולא כנטיית פועל. הילדים משלימים את התרגיל על עצמם.

* אפשר לתת עבודת חקר בבית. הילדים יכתבו על כל אחד מבני משפחתם (המורחבת) מתי נולדו (חודש).

- **תרגיל ב** בודק את הבנת הנקרא.

קוֹרְאִים

ג. יֵשׁ לוֹ, יֵשׁ לָהּ.

יֵשׁ לְטַל מוֹצֵץ.	יֵשׁ לְתָמָר מִשְׁקָפַיִים.
יֵשׁ לוֹ מוֹצֵץ.	יֵשׁ לָהּ מִשְׁקָפַיִים.

כּוֹתְבִים

כִּתְבוּ **לוֹ** אוֹ **לָהּ** לְפִי הָאִיּוּרִים שֶׁל אַבָּא וְאִמָּא. (לוֹ=לְאַבָּא לָהּ=לְאִמָּא)

דּוּגְמָה: יֵשׁ _לָהּ_ שֵׂעָר קָצָר. יֵשׁ _לוֹ_ עוּגָה. אֵין _לָהּ_ כּוֹבַע.

יֵשׁ ___ כּוֹבַע. יֵשׁ ___ גִּיטָרָה. אֵין ___ גִּיטָרָה.

יֵשׁ ___ מַצְלֵמָה. יֵשׁ ___ מִשְׁקָפַיִים. אֵין ___ שַׁרְשֶׁרֶת.

יֵשׁ ___ שָׁעוֹן. יֵשׁ ___ שַׁרְשֶׁרֶת. אֵין ___ מִשְׁקָפַיִים.

למורה:
- **תרגיל ג** מקנה את המעבר **מיש ל...** ל**יש לו...** ו-**יש לה....** התלמידים צריכים להשלים את המשפטים לפי האיורים.

* הילדים מדווחים בכיתה על חבריהם ומשתמשים בגוף שלישי **יש לו... יש לה...** **"יש לו דיסק חדש."**

אֲנִי וְהַחֲבֵרוֹת שֶׁלִּי רָחֵלִי וְשִׁירָה

קוֹרְאִים

אֲנַחְנוּ אוֹכְלוֹת וְשׁוֹתוֹת
בַּמְסִיבָּה.
שִׁירָה עֲצוּבָה.
יֵשׁ לָהּ כֶּתֶם גָּדוֹל שֶׁל מִיץ
עַל הַשִּׂמְלָה הַחֲדָשָׁה.

7

א. לָמָה הֵם עֲצוּבִים?

קוֹרְאִים כּוֹתְבִים

קִרְאוּ "אֲנִי וְהַחֲבֵרוֹת שֶׁלִּי רָחֵלִי וְשִׁירָה" וְכִתְבוּ.

בַּמְסִיבָּה שִׁירָה עֲצוּבָה כִּי יֵשׁ לָהּ ______________________.

חוֹשְׁבִים כּוֹתְבִים

חִשְׁבוּ וְכִתְבוּ.

בַּמְסִיבָּה גַּם דָּן עָצוּב כִּי ______________________.

ב. אֲנִי וְהַחֲבֵרִים שֶׁלִּי אוֹכְלִים בְּיוֹם הוּלֶדֶת

אֲנִי!

כִּתְבוּ.

בְּיוֹם הוּלֶדֶת אֲנַחְנוּ אוֹכְלִים		בְּיוֹם הוּלֶדֶת אֲנַחְנוּ שׁוֹתִים
______	______	______
______	______	______
______	______	

פּוֹפְּקוֹרְן

שׁוֹקוֹ

עוּגָה

גְּלִידָה

סוּכָּרִיּוֹת

מִיץ

פִּיצָה

שׁוֹקוֹלָד

לַמּוֹרָה:

* לפני הקריאה כדאי להסתכל בתמונה. הילדים יספרו מה הילדות עושות.

- קראו בקול רם לפני התלמידים את קטע האלבום **"אני והחברות שלי"**, ובקשו מהילדים לומר למה שירה עצובה.
- **בתרגיל א** הילדים משלימים את המשפט הראשר לפי הקטע ואת המשפט השני על דן לפי דמיונם ולפי נסיונם במסיבות יום הולדת. (כל התשובות שיינתנו נכונות, כיוון שאין בקטע מידע על דן.)
- **תרגיל ב:** הילדים כותבים מה נהוג לאכול ולשתות אצלם ביום הולדת. אפשר להיעזר במילים ובציורים.

ג. מִשְׂחָק: יֵשׁ לוֹ / יֵשׁ לָהּ

למורה:

- **תרגיל ג** הוא משחק מסלול בזוגות. לכל ילד יש חייל, מחק או חפץ קטן אחר. שני הילדים מעמידים את החיילים על משבצת ההתחלה עם החץ. מתקדמים לפי התור לאחר שמטילים מטבע. אם המטבע נופל והמספר כלפי מעלה מתקדמים צעד אחד. אם הציור כלפי מעלה מתקדמים שני צעדים. כל ילד קורא בקול רם את המשפט במשבצת שהגיע אליה. הוא מחפש את הציור המתאים למשפט. אם יש ציור מתאים, הוא עובר אליו. אם אין ציור מתאים הוא נשאר באותה המשבצת. כך למשל, אם הוא מגיע למשפט **יש לה משקפיים** הוא מוצא ועובר לציור המתאים, אך אם הוא מגיע למשפט **יש לו משקפיים**, אין ציור מתאים והוא נשאר באותה המשבצת. מנצח מי שמסיים ראשון את המסלול.

יוֹתָם הַלֵּיצָן בְּיוֹם הַהוּלֶדֶת

קוֹרְאִים

זֶה יוֹתָם הָאָח הַגָּדוֹל שֶׁלִּי. יוֹתָם בֶּן 12.
יֵשׁ לוֹ עֵינַיִים יְרוּקוֹת וְשֵׂעָר חוּם קָצָר.
הַיּוֹם יוֹתָם לֵיצָן. יֵשׁ לוֹ בְּגָדִים שֶׁל לֵיצָן.
יוֹתָם רוֹקֵד וְשָׁר וְהַיְלָדִים צוֹחֲקִים.
גַּם שִׁירָה צוֹחֶקֶת, הִיא לֹא עֲצוּבָה.

8

א. יוֹתָם וּמוֹטִי בַּטֶּלֶפוֹן

קוֹרְאִים כּוֹתְבִים

כִּתְבוּ מָה יוֹתָם עוֹשֶׂה. (הַמִּלִּים מֵהַסַּל)

מוֹטִי - יוֹתָם, מָה אַתָּה עוֹשֶׂה?
יוֹתָם - לְתָמָר יֵשׁ יוֹם הוּלֶדֶת. אֲנִי לֵיצָן בַּמְּסִיבָּה.
מוֹטִי - מָה אַתָּה עוֹשֶׂה בַּמְּסִיבָּה?
יוֹתָם - אֲנִי רוֹקֵד ____________
אֲנִי ________ וַאֲנִי ________
אֲנִי ________ וַאֲנִי ________
מוֹטִי - מָה עוֹשֶׂה טַל הַתִּינוֹק?
יוֹתָם - טַל לֹא רוֹקֵד ____________
לֹא ________ וְלֹא ________
לֹא ____________
לֹא ________ וְלֹא ________.
טַל יָשֵׁן שׁ...שׁ...שׁ...

אוֹכֵל
כּוֹתֵב
גָּר
שָׁר
שׁוֹמֵר
רוֹקֵד
צוֹחֵק
שׁוֹתֶה

למורה:

* לפני הקריאה אפשר להסתכל בתמונה ולהקנות את המילים: **ליצן, בגדים** ואת הפעלים **צוחק, רוקד**. *אפשר לשאול שאלות מכוונות: **מה יותם עושה? מה שירה עושה?**
- קראו בקול רם לפני התלמידים את קטע האלבום **"יותם הליצן"**.
- אפשר לשחק עם הילדים משחק שרשרת בעל פה כדי לבדוק את הבנת הנקרא. ילד א אומר משפט על יותם וילד ב צריך להחליט אם המשפט מתאים ליותם או לא. ילד א אומר למשל: **הוא בן 10**. וילד ב צריך לענות: **זה לא יותם**. אחר כך ילד ב אומר משפט: **הוא רוקד**. וילד ג עונה: **זה יותם**. וכך הלאה. צריך להסביר לילדים שבמקום **יותם** הם אומרים **הוא**. המשחק מאפשר לילדים לקרוא משפט מן הקטע או להמציא משפט משלהם על סמך הקטע.
- (במקום משחק שרשרת יכולים המורים לתת את המשפטים המוצעים).
- **תרגיל א** מבוסס על הבנת **"יותם הליצן..."** וקטעי אלבום קודמים, וכן על נסיונם של הילדים במסיבות. הילדים משלימים את התרגיל במילים מתוך הסל. יש מילים שאינן מתאימות, למשל: **גר, שומר, כותב**

ב. הַיְלָדוֹת וְהַיְלָדִים

אֲנִי / אַתָּה / הוּא — רוֹקֵד	אֲנִי / אַתְּ / הִיא — רוֹקֶדֶת	אֲנַחְנוּ / אַתֶּם / הֵם — רוֹקְדִים	אֲנַחְנוּ / אַתֶּן / הֵן — רוֹקְדוֹת

כִּתְבוּ: כותבים

דּוּגְמָה: בַּמְּסִיבָּה רָחֵלִי נוֹתֶנֶת לְתָמָר מַתָּנָה.
גַּם אַבָּא וְיוֹתָם נוֹתְנִים לְתָמָר מַתָּנָה.

בַּמְּסִיבָּה יוֹתָם רוֹקֵד .
גַּם הַיְלָדִים ________ .

גַּיְא לֹא אוֹכֵל עוּגָה.
אֲבָל שִׁירָה וְרָחֵלִי ________ עוּגָה.

תָּמָר צוֹחֶקֶת .
גַּם הַיְלָדוֹת ________ .

אִמָּא שׁוֹמֶרֶת עַל טַל.
גַּם אַבָּא וְיוֹתָם ________ עַל טַל.

ג. מִשְׂחָק אַבָּא / אִמָּא

משחקים

אַבָּא				
אִמָּא				
הַיְלָדִים				
הַיְלָדוֹת				

למורה:

- **תרגיל ב** - מקנה את צורת ההווה של גזרת השלמים. הילדים כותבים את הצורה הנכונה בכל משפט שני לפי המשפט הראשון ונעזרים בטבלה.
- **תרגיל ג** - משחק אבא/אמא: תלמיד א מצביע על משבצת ותלמיד ב אומר את המשפט המתאים. למשל: **אבא רוקד**. מתחלפים בתפקידים.
בינגו בשתי קבוצות: מכינים 16 כרטיסים וכותבים עליהם את המשפטים של המשחק. למשל: **אמא אוכלת** או: **אמא אוכלת גלידה** (משפט מורחב). מערבבים את הכרטיסים. קבוצה א היא בעלת הטורים בצהוב וקבוצה ב היא בעלת הטורים באפור. הכרוז קורא משפטים מן הכרטיסים. התלמידים משתי הקבוצות מסמנים ✓ במשבצות המתאימות למשפטים שהכרוז קורא. מי שממלא טור של 4 מילים ברצף הוא המנצח.
הפעלים בטבלת המשחק: רוקד, אוכל, צוחק, כותב.

ג. תָּמָר, יוֹתָם, טַל וַאֲנִי

כּוֹתְבִים אֲנִי!

כִּתְבוּ לְפִי הָאַלְבּוֹם שֶׁל תָּמָר (תְּמוּנוֹת 1, 4, 8).

	בֵּן / בַּת	שֵׂעָר שָׁחוֹר / חוּם	שֵׂעָר קָצָר / אָרוֹךְ / אֵין	עֵינַיִם יְרוּקוֹת/שְׁחוֹרוֹת/חוּמוֹת	מִשְׁקָפַיִם יֵשׁ / אֵין
תָּמָר		שָׁחוֹר		יְרוּקוֹת	
יוֹתָם	בֶּן 12				אֵין
טַל			אֵין		
אֲנִי					

ד. אַתָּה וְאַתְּ

כּוֹתְבִים

כִּתְבוּ יֵשׁ לְךָ אוֹ יֵשׁ לָךְ

שִׁירָה, יֵשׁ לָךְ תְּמוּנָה שֶׁל רָחֵלִי?

אִמָּא, ______ תְּמוּנָה שֶׁל טַל?

אַבָּא, ______ תְּמוּנָה שֶׁל יוֹתָם?

יוֹתָם, ______ תְּמוּנָה שֶׁל אִמָּא?

רָחֵלִי, ______ תְּמוּנָה שֶׁלִּי?

ה. דַּבְּרוּ עִם חֲבֵרִים.

מְדַבְּרִים עִם חָבֵר

שַׁאֲלוּ: יֵשׁ לְךָ...? יֵשׁ לָךְ...?

למורה:

- **תרגיל ג** - הילדים ממלאים את הטבלה לפי קטעי האלבום 1, 4, 8. בשורה האחרונה של הטבלה הילדים ממלאים פרטים על עצמם.
  אפשר להשתמש בטבלה למשחק זוגות. ילד א מגשש באצבע על הטבלה בעיניים עצומות. ילד ב אומר **די!** ואז פוקח ילד א את העיניים ומסתכל על המשבצת שבה נגע. הוא צריך לומר משפט שלם המתאים למשבצת, למשל: **תמר בת 8**, **יש ליותם עיניים ירוקות.** הילדים מסמנים את המשבצת שנגעו בה ואי אפשר לחזור אליה. אחר כך מתחלפים בתפקידים. מי שהשלים טור - הטור שלו, והמנצח הוא מי שיש לו הכי הרבה טורים בסוף המשחק.

* מכינים כרזה ועליה טבלה כמו בעמוד זה. בטור הימני כותבים את כל שמות הילדים בכיתה ומוסיפים את הפרטים המתאימים לכל ילד. אם מכינים משבצות גדולות יש מקום לכתוב משפטים שלמים בכל משבצת כמו: היא בת 8. יש לה עיניים חומות.

- **תרגיל ד** מקנה ומתרגל את התבנית **יש לךָ, יש לךְ** התבניות הנותרות משלימות את נטיית **יש לי, לך** ביחיד. הילדים צריכים לשים לב למילת הפנייה בתחילת כל שאלה כדי לבחור בין **יש לךָ ויש לָךְ.**
- **תרגיל ה** הוא תרגיל של הבעה בע"פ.

יוֹתָם וַאֲנִי פּוֹתְחִים מַתָּנוֹת אַחֲרֵי הַמְּסִיבָּה

קוֹרְאִים

יֵשׁ לִי אַלְבּוֹם חָדָשׁ. יֵשׁ לִי חוּלְצָה חֲדָשָׁה.
יֵשׁ לִי סְפָרִים חֲדָשִׁים.
יֵשׁ לִי טַבַּעַת חֲדָשָׁה. יֵשׁ לִי כֶּלֶב חָדָשׁ.
יֵשׁ לִי תִּיק חָדָשׁ. יֵשׁ לִי מַצְלֵמָה חֲדָשָׁה.
הַמַּתָּנוֹת יָפוֹת אֲבָל לָמָּה אֲנִי קְצָת
עֲצוּבָה אַחֲרֵי הַמְּסִיבָּה?

9

א. חִשְׁבוּ עַל מַתָּנָה לְיוֹם הוּלֶדֶת. מָה אַתֶּם רוֹצִים?

אֲנִי!

אֲנִי < רוֹצֶה / רוֹצָה ____________ לְיוֹם הַהוּלֶדֶת שֶׁלִּי.

ב. דַּבְּרוּ בַּכִּיתָה: לָמָּה תָּמָר קְצָת עֲצוּבָה?

מוֹרֶה וְתַלְמִידִים

ג. מָתַי? (האלבום של תמר - תמונות 1-9)

קוֹרְאִים · כּוֹתְבִים · מוֹרֶה וְתַלְמִידִים

כִּתְבוּ. לִפְנֵי הַמְּסִיבָּה אוֹ בַּמְּסִיבָּה אוֹ אַחֲרֵי הַמְּסִיבָּה

אִמָּא בַּחֲנוּת לִפְנֵי הַמְּסִיבָּה.

יוֹתָם רוֹקֵד עִם הַיְלָדִים ____________

תָּמָר שׁוֹמֶרֶת עַל טַל הַתִּינוֹק ____________

אַבָּא שָׂם סוּכָּרִיּוֹת עַל הָעוּגָה ____________

תָּמָר שָׂמָה תְּמוּנוֹת בָּאַלְבּוֹם אַחֲרֵי הַמְּסִיבָּה.

אִמָּא שָׁרָה עִם הַיְלָדִים ____________

הַיְלָדִים אוֹכְלִים עוּגָה ____________

תָּמָר קְצָת עֲצוּבָה ____________

תָּמָר פּוֹתַחַת מַתָּנוֹת ____________

____

למורה:

* לפני הקריאה הקנו את המילים החדשות **חדש, חולצה, טבעת, כלב, תיק, מצלמה, מתנה, פותח**. ניתן ללמד את המילים בדרך ההמחשה.

- קראו בקול רם לפני התלמידים את קטע האלבום **"יותם ואני פותחים מתנות אחרי המסיבה"**. ציירו על הלוח או הביאו פריטים לכיתה ובקשו מהתלמידים לומר אם הפריט מוזכר בקטע או לא.
- **תרגיל א** הוא תרגיל הבעה. התלמידים יכולים לספר בכיתה מה הם רוצים ליום ההולדת.
- **תרגיל ב:** אפשר לשאול: **למה תמר קצת עצובה אחרי המסיבה?** הילדים יעלו את השערותיהם בשיחה בכיתה.
- **תרגיל ג** הוא סיכום של כל תמונות האלבום. הילדים צריכים לעיין בכל קטעי האלבום כדי לבחור את ביטוי הזמן המתאים. (אין צורך לזכור בע"פ.)

ד. בְּיוֹם הַהוּלֶדֶת שֶׁלִּי

כּוֹתְבִים אֲנִי!

כִּתְבוּ עַל יוֹם הַהוּלֶדֶת שֶׁלָּכֶם (אַתֶּם יְכוֹלִים לְבַקֵּשׁ מֵהַמּוֹרָה 5 מִילִים חֲדָשׁוֹת.)

מָה אַתֶּם עוֹשִׂים (עִם אִמָּא, אַבָּא, אָח, אָחוֹת, חֲבֵרִים) לִפְנֵי הַמְּסִיבָּה?

מָה אַתֶּם עוֹשִׂים (עִם הַמִּשְׁפָּחָה אוֹ עִם הַחֲבֵרִים) בַּמְּסִיבָּה?

מָה אַתֶּם עוֹשִׂים (עִם אִמָּא, אַבָּא, אָח, אָחוֹת, חֲבֵרִים) אַחֲרֵי הַמְּסִיבָּה?

לִפְנֵי הַמְּסִיבָּה ____________________

בַּמְּסִיבָּה ____________________

אַחֲרֵי הַמְּסִיבָּה ____________________

ה. תַּשְׁבֵּץ

כּוֹתְבִים

כִּתְבוּ אֶת הַמִּילִים בַּתַּשְׁבֵּץ.

1. יֶלֶד בֶּן חוֹדֶשׁ הוּא.....
2. לֹא קָצָר - ......
3. בְּיוֹם הוּלֶדֶת אֲנִי עוֹשֶׂה.....
4. בְּיוֹם הוּלֶדֶת אַבָּא נוֹתֵן לִי.....
5. 30 יָמִים הֵם ......
6. אֲנִי שָׂמָה תְּמוּנָה בָּ......
7. הִיא רוֹקֶדֶת וְהוּא......
8. הוּא שׁוֹמֵר וְהִיא......

מָה יֵשׁ בַּמַּלְבֵּן הַצָּהוֹב?

למורה:

- **תרגיל ד** הוא תרגיל של הבעה אישית. הילדים קוראים את השאלות בעזרת המורה וכותבים על עצמם. כל ילד יכול לבקש מהמורה 5 מילים חדשות.
- **בתרגיל ה** הילדים ממלאים את התשבץ לפי כל מה שלמדו ביחידה.

ו. אֵיפֹה כַּרְטִיס הַבְּרָכָה?

כּוֹתְבִים צוֹבְעִים

1. מִצְאוּ 2 כַּרְטִיסֵי בְּרָכָה לְיוֹם הוּלֶדֶת.
2. צִבְעוּ כַּרְטִיס בְּרָכָה אֶחָד.

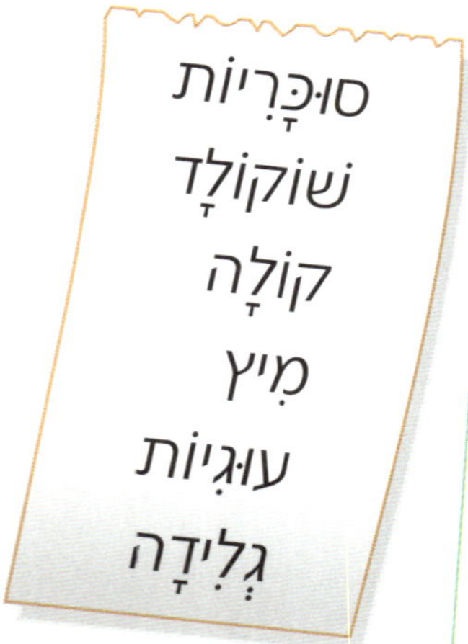

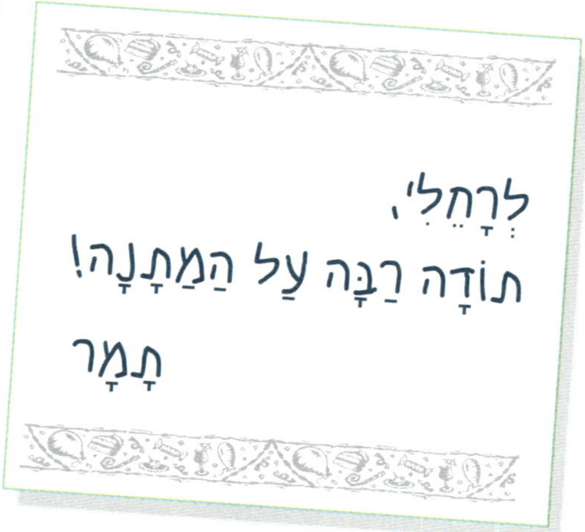

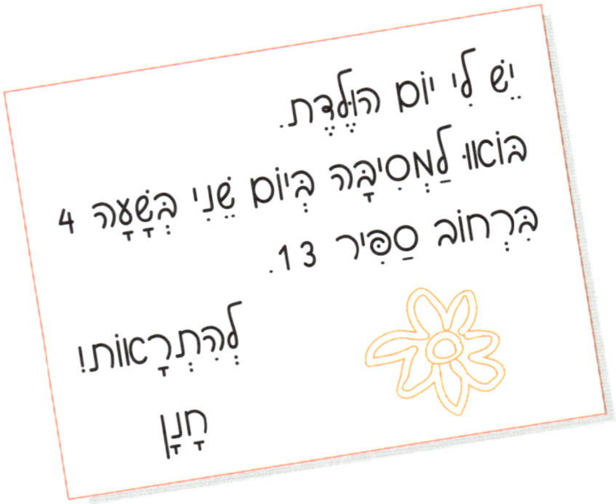

כּוֹתְבִים

3. כִּתְבוּ כַּרְטִיס בְּרָכָה יָפֶה לְיוֹם הַהוּלֶדֶת שֶׁל ___________.

ז. הָאַלְבּוֹם שֶׁלִּי

כּוֹתְבִים אֲנִי!

הָכִינוּ בָּאַלְבּוֹם שֶׁלָּכֶם 3 תְּמוּנוֹת שֶׁל יוֹם הוּלֶדֶת.

כִּתְבוּ לְיַד כֹּל תְּמוּנָה כְּמוֹ תָּמָר.

למורה:

- **בתרגיל ו1 ו-2** הילדים צריכים לזהות כרטיסי ברכה ולהבחין בינם לבין הזמנה, פתק תודה ורשימת קניות.
  אפשר לשוחח בכיתה על סוגי הכתיבה השונים ומתי משתמשים בהם. אפשר גם למיין לפי הזמן: לפני המסיבה, במסיבה, אחרי המסיבה.
- **בתרגיל ו3** התלמידים כותבים כרטיס ברכה ליום הולדת של בן משפחה, חבר או חברה. הם יכולים להיעזר בדגמים הנתונים.
- **בתרגיל ז** התלמידים מכינים תוצר משלהם על פי הדגם של אלבום תמר. כדאי לעודד את הילדים להביא לכיתה את התמונות שבחרו עוד לפני הכתיבה.
  חשיבותו של תרגיל ו היא בכך שהתלמיד מיישם את הידע הלשוני שרכש בהקשר רלוונטי לעצמו.
  בסופו של התהליך יהיה לכל תלמיד תוצר - אלבום אישי משלו כתוב בעברית.

כותבים

א. מָה בַּחֲנוּת?

כִּתְבוּ אֶת הַמִּילִים בַּחֲנוּת הַמַּתְאִימָה (הַמִּילִים בַּסַּל).

חֲנוּת אוֹכֶל			חֲנוּת מַתָּנוֹת
שׁוֹקוֹלָד			סֵפֶר

גְלִידָה	סוּכָּרִיָּה
סֵפֶר	טַבַּעַת
מִיץ	עוּגָה
מַצְלֵמָה	שַׁרְשֶׁרֶת
אוֹפַנַּיִים	פִּיצָה
בַּלּוֹן	שׁוֹקוֹלָד
אַלְבּוֹם	כַּדּוּר

כותבים

ב. שְׁאֵלוֹת

כִּתְבוּ בְּכׇל מִשְׁפָּט מָתַי אוֹ מָה אוֹ מִי אוֹ אֵיפֹה (שִׂימוּ לֵב לַמִּילִים הַמְּסוּמָּנוֹת).

אֵיפֹה הַכֶּלֶב?	הַכֶּלֶב עַל הַכִּסֵּא.
______ רוֹקֵד עִם אִמָּא?	אַבָּא רוֹקֵד עִם אִמָּא.
______ אַבָּא עוֹשֶׂה?	הוּא יָשֵׁן.
______ תָּמָר?	תָּמָר בַּכִּיתָּה.
______ אַבָּא וְאִמָּא אוֹכְלִים?	הֵם אוֹכְלִים בְּ-8:00.
______ הַיַּלְדָּה שׁוֹתָה?	הִיא שׁוֹתָה מִיץ.

כותבים

ג. מִילִים חֲסֵרוֹת

כִּתְבוּ אֶת הַמִּילִים הַחֲסֵרוֹת (הַמִּילִים בַּסַּל).

אִמָּא ______ לַיֶּלֶד פִּיצָה, אֲבָל הוּא רוֹצֶה עוּגָה.

הוּא לֹא שָׂמֵחַ. הוּא ______.

בַּמְּסִיבָּה הוּא ______ שׁוֹקוֹלָד וְסוּכָּרִיּוֹת.

הִיא ______ לַבַּיִת שֶׁל אִילָנָה.

אִמָּא ______ לַ...לַ...לַ... וְהַתִּינוֹק ______.

שָׂרָה	צוֹחֵק
נוֹתֶנֶת	אוֹכֵל
רוֹצֶה	בָּאָה
עָצוּב	

למורה:

* תרגילי החזרה בעמודים 31-25 נתונים לשיקול דעתו של המורה ולבחירתו.

- **תרגיל א** הוא תרגיל מיון של אוצר מילים לשתי קטגוריות. הפעילות הקוגניטיבית של מיון שנראה פשוט לכאורה מחייבת את הילדים להבין את המילים.

- **תרגיל ב** מסכם את השימוש במילות שאלה שהילדים נחשפו אליהן ביחידה. הילדים כותבים את מילת השאלה על פי המילה המסומנת במשפט התשובה.

* אפשר לכתוב על הלוח משפט: **היום אבא ואמא רוקדים במטבח**. המורים יסמנו בכל פעם מילה אחרת בקו ולפי הסימון הילדים יבחרו את מילת השאלה.
למשל: המילה **היום** מסומנת - השאלה: **מתי?** המילים **אבא ואמא** - השאלה: **מי?** המילה **רוקדים** - השאלה: **מה הם עושים?** המילה **במטבח** - השאלה: **איפה?**

- **תרגיל ג** מתרגל המשמעות של פעלים שהופיעו ביחידה וכן הוא מתרגל את ההתאמה של הפועל לשם ביחיד.

ד. יוֹם הַהוּלֶדֶת שֶׁל אַבְנֵר (חֵלֶק א')

קוֹרְאִים כּוֹתְבִים

1. קִרְאוּ אֶת יוֹם הַהוּלֶדֶת שֶׁל אַבְנֵר.
2. כִּתְבוּ אֶת הַמִּילִים הַחֲסֵרוֹת (בְּחֵלֶק ב' בְּעַמּוּד 27).

מִילִים חֲדָשׁוֹת
חוֹפֶשׁ גָּדוֹל
מִשְׁפָּחָה
רַעְיוֹן
כְּמוֹ
חֵצִי

לְאַבְנֵר יֵשׁ אָח קָטָן - נַחוּם.
הַיּוֹם יֵשׁ יוֹם הוּלֶדֶת לְנַחוּם. הוּא בֶּן 6. יֵשׁ לוֹ בַּכִּיתָּה מְסִיבָּה יָפָה.
הַיְלָדִים שָׁרִים, רוֹקְדִים, שׁוֹתִים וְאוֹכְלִים.
נַחוּם שָׂמֵחַ אֲבָל אַבְנֵר עָצוּב.
אַבְנֵר חוֹשֵׁב: יֵשׁ לִי יוֹם הוּלֶדֶת בַּחוֹפֶשׁ הַגָּדוֹל וְאֵין לִי מְסִיבָּה בַּכִּיתָּה.
אַבְנֵר אוֹמֵר לְאִמָּא: אוּף, לָמָּה נוֹלַדְתִּי בַּחוֹפֶשׁ הַגָּדוֹל?
גַּם אֲנִי רוֹצֶה מְסִיבָּה כְּמוֹ שֶׁל נַחוּם.
אִמָּא אוֹמֶרֶת: בַּחוֹפֶשׁ הַגָּדוֹל יֵשׁ לְךָ מְסִיבָּה יָפָה בַּבַּיִת.
אַבְנֵר אוֹמֵר: אֲבָל רַק הַמִּשְׁפָּחָה בָּאָה לַמְּסִיבָּה.
אֲנִי רוֹצֶה יוֹם הוּלֶדֶת עִם יְלָדִים.
אִמָּא בָּאָה לְבֵית הַסֵּפֶר. הִיא אוֹמֶרֶת לַמּוֹרָה: אַבְנֵר עָצוּב.
יֵשׁ לוֹ יוֹם הוּלֶדֶת רַק בַּחוֹפֶשׁ הַגָּדוֹל.
הַמּוֹרָה אוֹמֶרֶת: יֵשׁ לִי רַעְיוֹן.

למורה:
הסיפור "**יום ההולדת של אבנר**" בנוי על אוצר המילים של היחידה (כ-40 מילים שונות). לפני קריאת הסיפור צריך להסביר את חמש המילים החדשות בסיפור (שאינן ביחידה): **חופש גדול, משפחה, רעיון, כמו, חצי**. כיוון שזאת חזרה כדאי שהילדים יקראו את הסיפור בעצמם.
- המשך הסיפור מופיע בעמוד הבא. פעילות **ד2** מתייחסת אליו.

יוֹם הַהוּלֶדֶת שֶׁל אַבְנֵר (חֵלֶק ב')

בְּיוֹם שִׁישִּׁי אַבְנֵר ________ לְבֵית הַסֵּפֶר.

גַּם אַבָּא וְאִמָּא ________ לַכִּיתָּה.

הֵם ________ בַּלּוֹנִים וְעוּגָה עַל הַשּׁוּלְחָן שֶׁל אַבְנֵר.

הַיְלָדִים בַּכִּיתָּה ________ לְאַבְנֵר: "יוֹם הוּלֶדֶת שָׂמֵחַ".

הֵם ________ לְאַבְנֵר מַתָּנוֹת וְכַרְטִיס בְּרָכָה.

אַבְנֵר ________: יֵשׁ לִי מְסִיבָּה עִם יְלָדִים!

הוּא __צוֹחֵק__: בֶּן כַּמָּה אֲנִי?

הַמּוֹרָה ________: הַיּוֹם אַתָּה בֶּן שְׁמוֹנֶה וָחֵצִי.

יוֹם הוּלֶדֶת שָׂמֵחַ!

- בָּאִים
- שָׂמֵחַ
- נוֹתְנִים
- בָּא
- אוֹמֶרֶת
- שָׂמִים
- ~~צוֹחֵק~~
- שָׁרִים

3. סַמְּנוּ ☑ לְיַד הַתְּשׁוּבָה הַנְּכוֹנָה.

מָה אַבְנֵר רוֹצֶה?

- ☐ הוּא רוֹצֶה מְסִיבָּה רַק עִם אַבָּא וְאִמָּא.
- ☐ הוּא רוֹצֶה מְסִיבָּה עִם יְלָדִים.
- ☐ הוּא רוֹצֶה חוֹפֶשׁ גָּדוֹל.

לָמָּה אַבְנֵר עָצוּב?

- ☐ יֵשׁ לוֹ יוֹם הוּלֶדֶת בַּחוֹפֶשׁ הַגָּדוֹל.
- ☐ אֵין לוֹ מְסִיבָּה עִם הַמִּשְׁפָּחָה.
- ☐ נַחוּם הַקָּטָן הוּא בֶּן שֵׁשׁ.

מָה הָרַעְיוֹן שֶׁל הַמּוֹרָה?

- ☐ הַיְלָדִים בָּאִים לַמְּסִיבָּה שֶׁל אַבְנֵר בַּחוֹפֶשׁ הַגָּדוֹל.
- ☐ הַמּוֹרָה בָּאָה לַמְּסִיבָּה שֶׁל אַבְנֵר בַּבַּיִת שֶׁלּוֹ.
- ☐ הַיְלָדִים עוֹשִׂים לְאַבְנֵר מְסִיבָּה בַּכִּיתָּה. הוּא בֶּן שְׁמוֹנֶה וָחֵצִי.

למורה:

- **תרגיל ד2** מתייחס לחלק השני של הסיפור. בחלק זה הושמטו 8 מילים והילדים יכתבו אותן בתוך הסיפור. התרגיל בודק את הבנת הנקרא ואת הידע באוצר המילים.
- **תרגיל ד3** מתייחס לכל הסיפור (לאחר שהילדים השלימו את המילים בסיפור) ובודק את הבנת הנקרא. לכל שאלה יש תשובה אחת נכונה.

ה. מָה הֵם עוֹשִׂים?

כִּתְבוּ אֶת הַמִּילִים הַחֲסֵרוֹת.

הַיֶּלֶד אוֹכֵל. הַיְלָדִים ________.

אַתְּ צוֹחֶקֶת. אַתֶּן ________.

אַתָּה ________. אַתֶּם בָּאִים.

הַמּוֹרָה הוֹלֶכֶת. הַמּוֹרוֹת ________.

הַיַּלְדָּה ________. הַיְלָדוֹת שָׁרוֹת.

הִיא שׁוֹמֶרֶת. הֵן ________.

הוּא ________. הֵם רוֹקְדִים.

הַמּוֹרֶה חוֹשֵׁב. הַמּוֹרִים ________.

ו. אֵין לִי, לְךָ, לוֹ, לָהּ.

כִּתְבוּ אֶת הַמִּילִים הַחֲסֵרוֹת (שִׂימוּ לֵב לַמִּילִים הַמְסוּמָּנוֹת).

אֵין __לִי__ גְלִידָה. <u>אֲנִי</u> רוֹצָה גְלִידָה.

אֵין ____ סֵפֶר. <u>הוּא</u> רוֹצֶה סֵפֶר.

אֵין ____ שֵׂעָר אָרוֹךְ. <u>אַתְּ</u> רוֹצָה שֵׂעָר אָרוֹךְ.

אֵין ____ עוּגָה. <u>אֲנִי</u> רוֹצֶה עוּגָה.

אֵין ____ שִׂמְלָה. <u>הִיא</u> רוֹצָה שִׂמְלָה.

אֵין ____ תְּמוּנָה. <u>אַתָּה</u> רוֹצֶה תְּמוּנָה.

ז. אֲנִי, אַתָּה...

כִּתְבוּ אֲנִי אוֹ אַתָּה אוֹ אַתְּ אוֹ הוּא אוֹ הִיא.

הַמּוֹרָה: תָּמָר, בַּת כַּמָּה אַתְּ? תָּמָר: ________ בַּת שְׁמוֹנֶה.

הַמּוֹרָה: בֶּן כַּמָּה יוֹתָם, הָאָח שֶׁלָּךְ? תָּמָר: ________ בֶּן שְׁתֵּים עֶשְׂרֵה.

הַמּוֹרָה: דָּן, בֶּן כַּמָּה ________? דָּן: ________ בֶּן שְׁמוֹנֶה.

הַמּוֹרָה: בַּת כַּמָּה הָאָחוֹת שֶׁלְּךָ? דָּן: ________ בַּת עֶשֶׂר.

למורה:

- **תרגיל ה** מתרגל את צורות הפועל שנלמדו בהווה (שלמים וע"ו).
- **תרגיל ו** מתרגל את נטיית **יש לי** / **אין לי** ואת הקשר שבין שם הגוף למילת היחס **ל...** בנטייה. הילדים ייעזרו במילות הגוף המסומנות במשפט כדי לבחור את הנטייה המתאימה.
- **תרגיל ז** מתרגל את שמות הגוף.

כּוֹתְבִים

ח. רָחֵל וְיוֹנָתָן

כִּתְבוּ בְּכֹל מִשְׁפָּט רַק אוֹ גַּם אוֹ אֲבָל.

לְרָחֵל יֵשׁ שְׁלוֹשָׁה אַחִים וּלְיוֹנָתָן יֵשׁ ____ אָח אֶחָד.

לְרָחֵל יֵשׁ כֶּלֶב. ____ לְיוֹנָתָן שׁ כֶּלֶב.

הַתִּינוֹק לֹא אוֹכֵל. יֵשׁ לוֹ ____ שְׁתֵּי שִׁינַּיִים.

לְיוֹנָתָן יֵשׁ יוֹם הוּלֶדֶת, ____ אֵין לוֹ מְסִיבָּה.

לְיוֹנָתָן יֵשׁ שֵׂעָר קָצָר, ____ הוּא אוֹהֵב שֵׂעָר אָרוֹךְ.

אִמָּא נוֹתֶנֶת לְרָחֵל שַׁרְשֶׁרֶת וְ____ טַבַּעַת.

יוֹנָתָן שׁוֹתֶה מִיץ וְ____ קוֹקָה קוֹלָה, אֲבָל רָחֵל שׁוֹתָה ____ מַיִם.

מִשְׂחָקִים

ט. מִשְׂחָק: תְּמוּנָה-מִילִּים

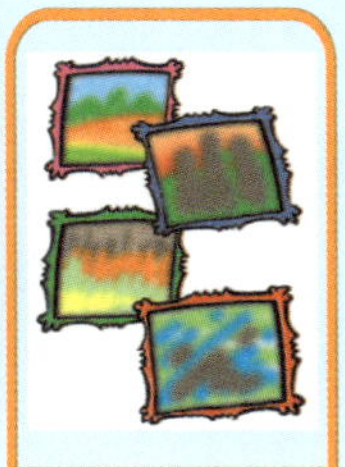
שֵׁשׁ סוּכָּרִיּוֹת

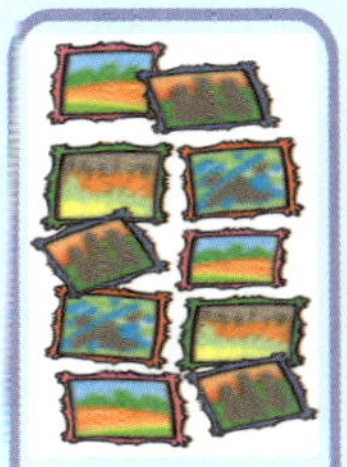
שֶׁבַע טַבָּעוֹת

שָׁלוֹשׁ חֲבֵרוֹת

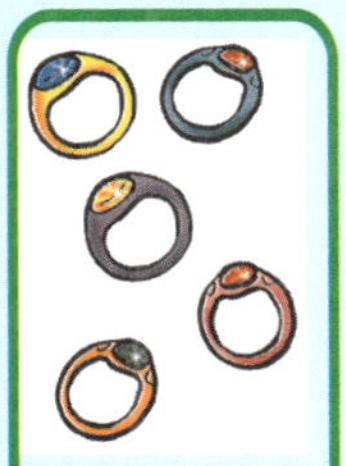
שְׁמוֹנֶה סוּכָּרִיּוֹת

אַרְבַּע תְּמוּנוֹת

עֶשֶׂר תְּמוּנוֹת

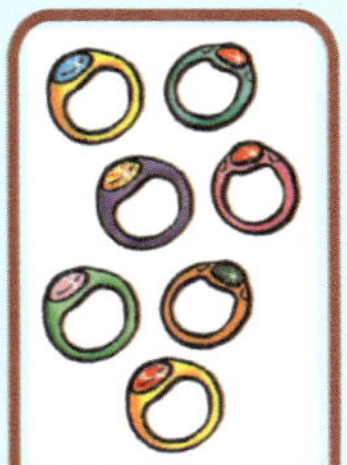
שְׁתֵּי חֲבֵרוֹת

חָמֵשׁ טַבָּעוֹת

הַמִּילִּים שֶׁלָּנוּ בַּתְּפִילָּה

אֲנִי	"מוֹדֶה אֲנִי לְפָנֶיךָ..."	(מִתּוֹךְ תְּפִילַּת שַׁחֲרִית)
הוּא נוֹתֵן	"הוּא נוֹתֵן לֶחֶם לְכָל בָּשָׂר..."	(מִתּוֹךְ בִּרְכַּת הַמָּזוֹן)
עוֹשֶׂה	"עוֹשֶׂה שָׁלוֹם בִּמְרוֹמָיו..."	(מִתּוֹךְ בִּרְכַּת הַמָּזוֹן וּתְפִילּוֹת אֲחֵרוֹת)

למורה:

- **תרגיל ח** מתרגל את מילות הקישור **אבל, גם, רק**. הילדים צריכים להפעיל חשיבה הגיונית כדי להחליט מהי המילה המתאימה.
- **תרגיל ט:** המשחק תמונה-מילים הוא משחק זוגות ומתרגל את שמות המספרים. כל מלבן מחולק לשניים. בחלק העליון איור ובחלק התחתון מילים (שאינן קשורות לאיור העליון). ילד א בוחר במלבן וקורא את המילים בחלק התחתון. למשל: שש סוכריות. ילד ב מחפש את המלבן שיש בו בחלקו העליון איור מתאים של שש סוכריות. ילד א קורא באותו מלבן את המילים בחלק התחתון: עשר תמונות, וכך הלאה מחפשים איור מתאים עד שחוזרים למלבן הראשון – לאיור 4 התמונות. במשחק יש פיקוח עצמאי כלומר: אם חוזרים למלבן הראשון בסוף – סימן שיודעים את כל המספרים ומצליחים במשחק. * אפשר להתחיל בכל מלבן שרוצים.
- **המילים שלנו בתפילה:** בפינה זו רוצים להראות לילדים כי חלק מהמילים שהם לומדים בעברית בת ימינו נמצאות גם בתפילות באותה המשמעות. (נבחרו כאן תפילות שהילדים יודעים בע"פ.) המילים שנבחרו משמשות כדוגמה. המורה יכולה להראות לילדים מילים נוספות שהם מכירים מהתפילות.

יוֹם הוּלֶדֶת שֶׁל כֹּל יֶלֶד בַּכִּיתָה

תִשְׁרֵי
חֶשְׁוָון
כִּסְלֵו
טֵבֵת
שְׁבָט
אֲדָר
נִיסָן
אִיָיר
סִיוָון
תַמוּז
אָב
אֱלוּל

שֵׁם הַחוֹדֶשׁ ______

שֵׁם הַחוֹדֶשׁ ______

שֵׁם הַחוֹדֶשׁ ______

לְ______ יֵשׁ יוֹם הוּלֶדֶת בְּחוֹדֶשׁ ______.

שֵׁם הַחוֹדֶשׁ ______

לְ______ יֵשׁ יוֹם הוּלֶדֶת בְּחוֹדֶשׁ ______.

שֵׁם הַחוֹדֶשׁ ______

שֵׁם הַחוֹדֶשׁ ______

למורה:

ימי ההולדת של הילדים בכיתה:

1. הילדים יכתבו את שמות החודשים בתוך הפרחים.
2. הילדים יכתבו בתוך כל פרח את השמות של ילדי הכיתה שנולדו באותו חודש.
3. הילדים יבחרו 4 ילדים מן הכיתה וימלאו את המשפטים: ל______ יש יום הולדת בחודש ______.

שֵׁם הַחוֹדֶשׁ ______

שֵׁם הַחוֹדֶשׁ ______

שֵׁם הַחוֹדֶשׁ ______

לְ______ יֵשׁ יוֹם הוּלֶדֶת בְּחוֹדֶשׁ ______.

______

לְ______ יֵשׁ יוֹם הוּלֶדֶת בחוֹדֶשׁ ______.

______

שֵׁם הַחוֹדֶשׁ ______

שֵׁם הַחוֹדֶשׁ ______

שֵׁם הַחוֹדֶשׁ ______

שֵׁם הַחוֹדֶשׁ ______

יָנוּאָר
פֶבְּרוּאָר
מֶרְץ
אַפְּרִיל
מַאי
יוּנִי
יוּלִי
אוֹגוּסְט
סֶפְּטֶמְבֶּר
אוֹקְטוֹבֶּר
נוֹבֶמְבֶּר
דֶצֶמְבֶּר